Calcio

Libro da colorare

Coloring Pages for Kids

Coloring Pages for Kids
An imprint of Ciparum LLC

ISBN-10:1-63589-423-9
ISBN-13:978-1-63589-423-3

Coloring Pages for Kids

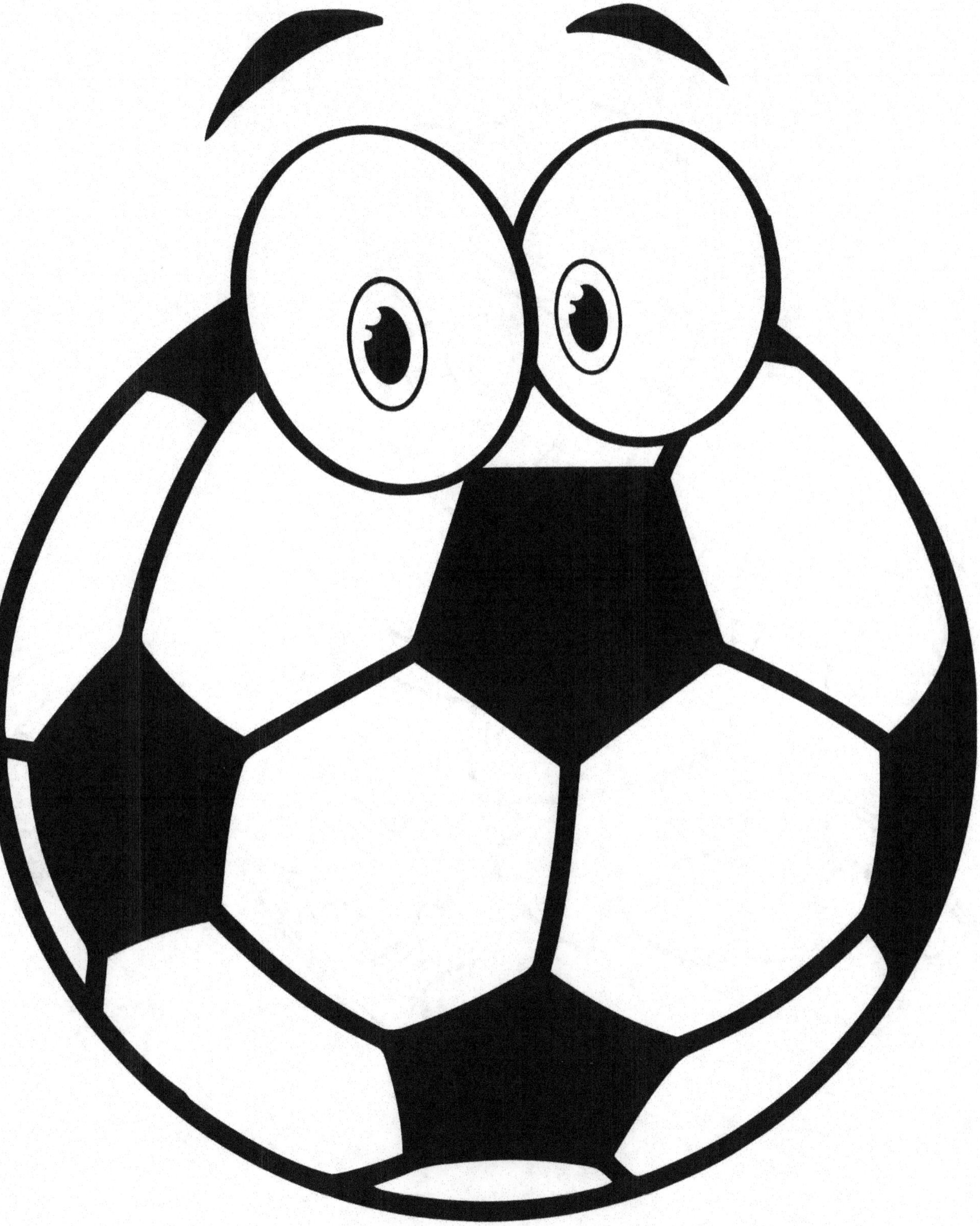

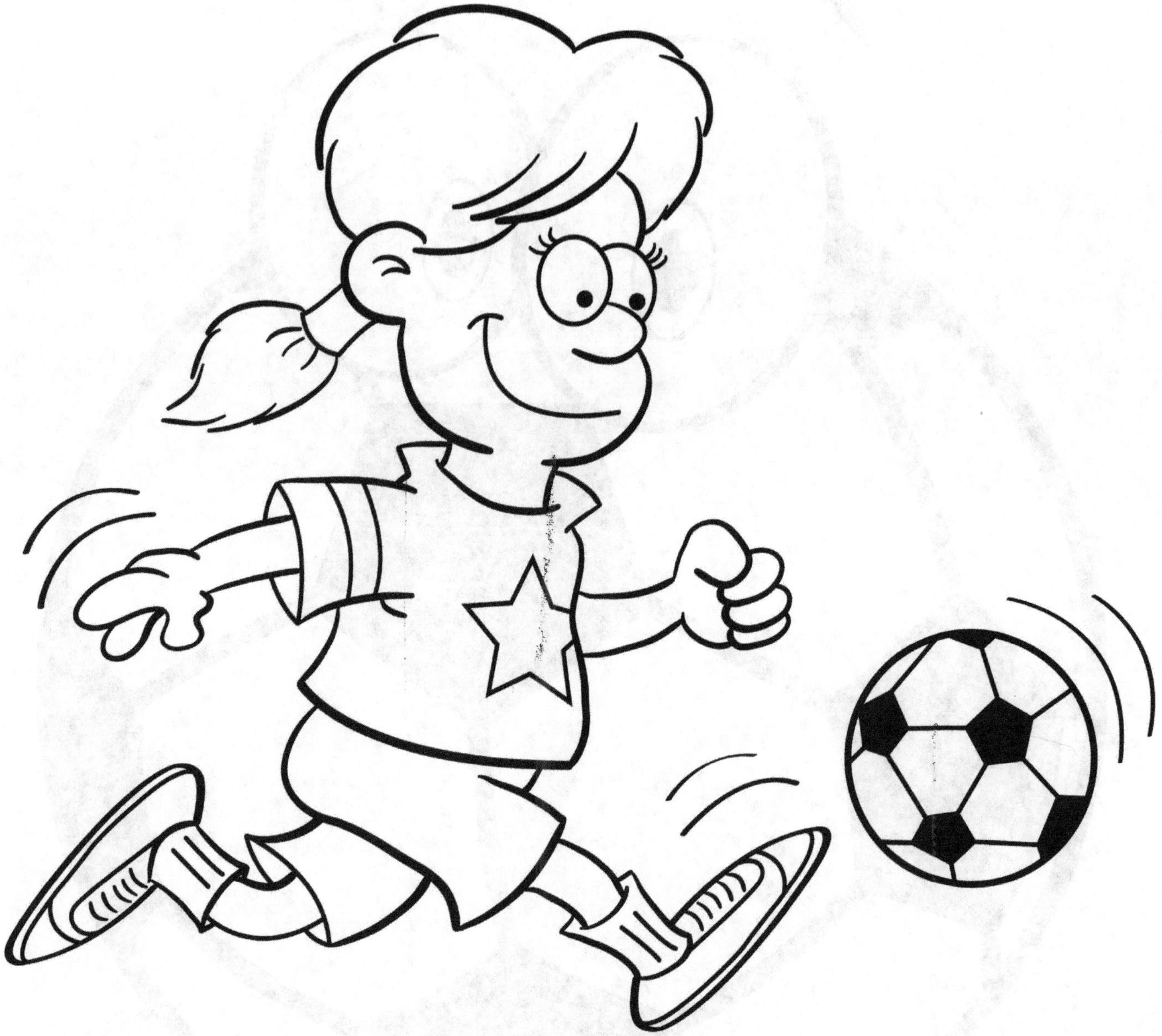

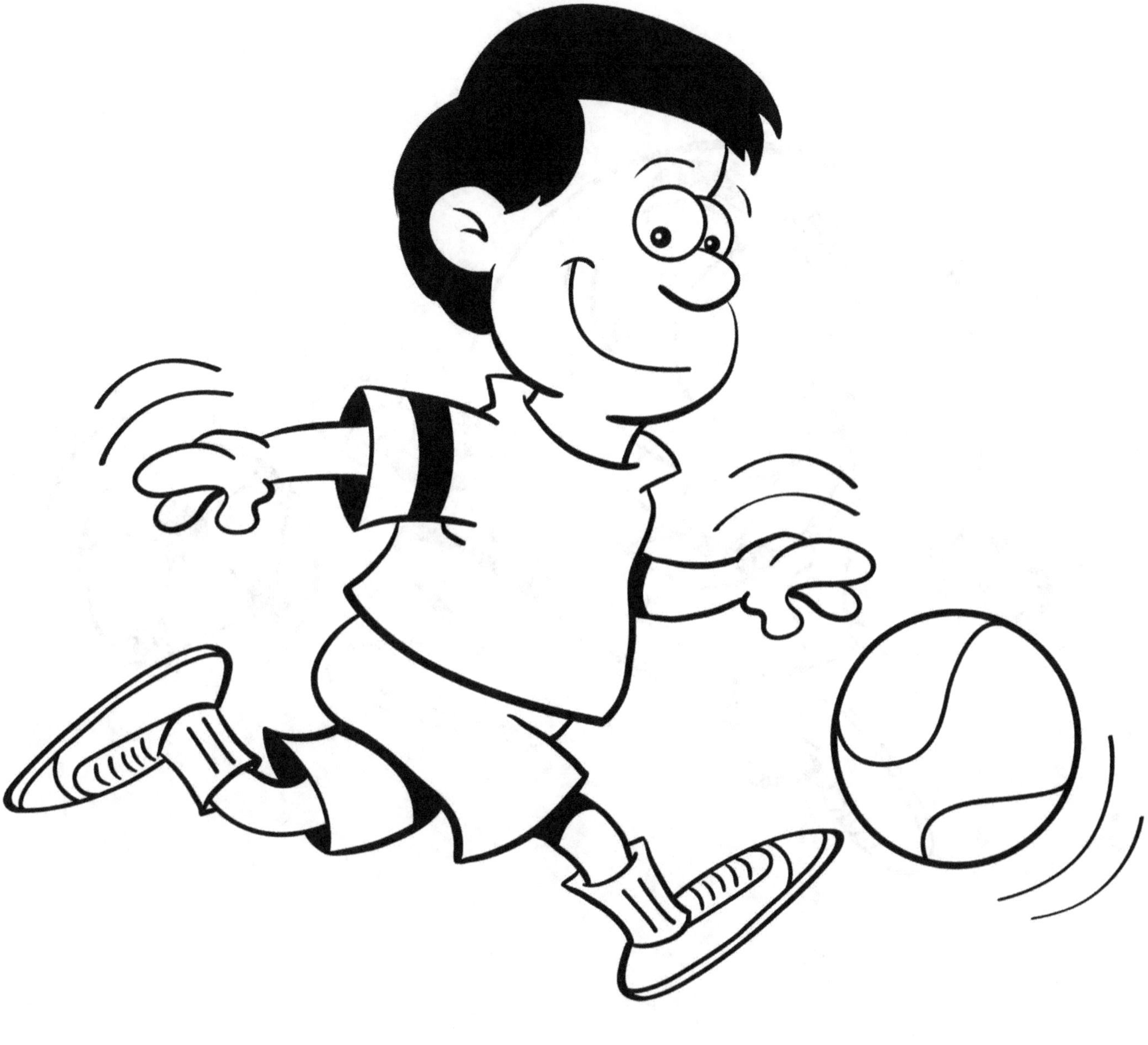

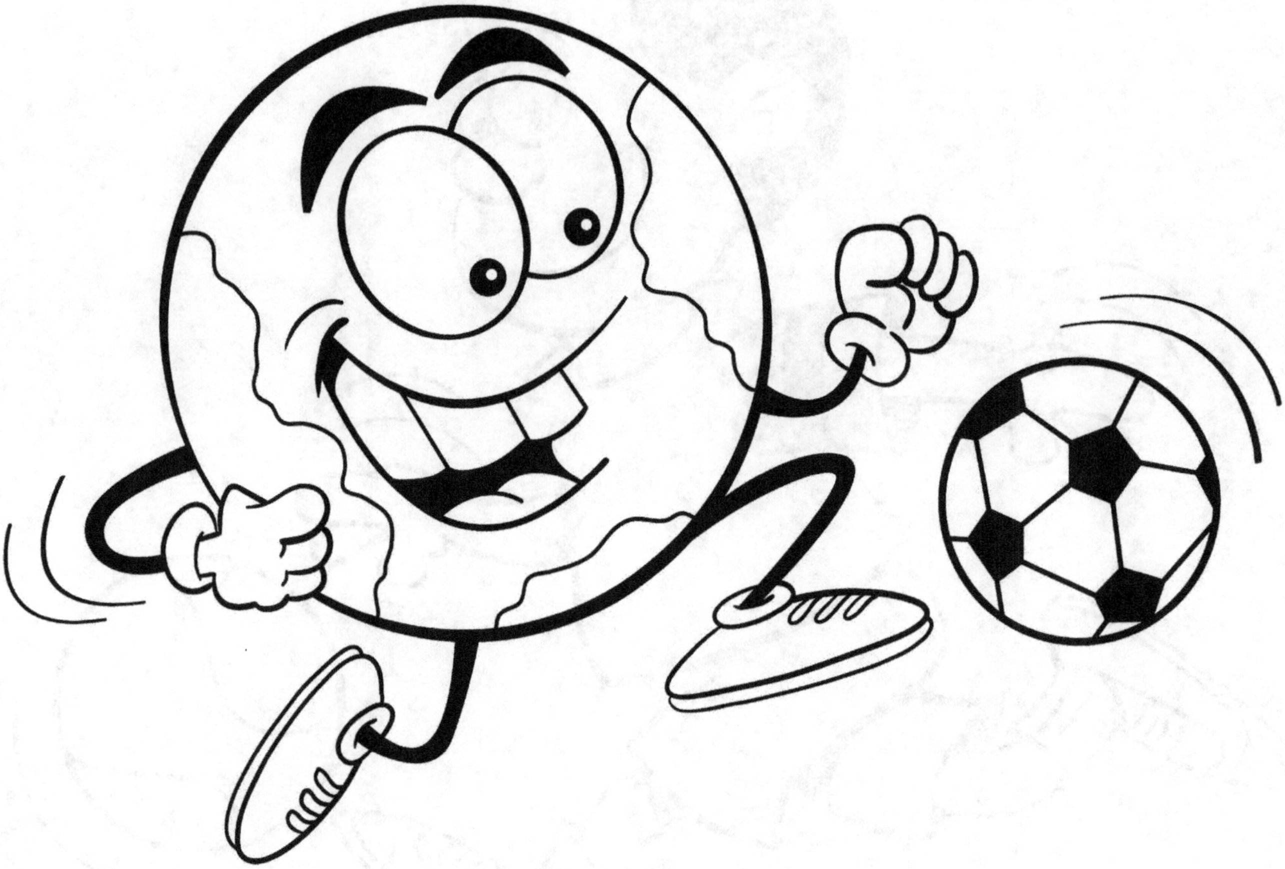

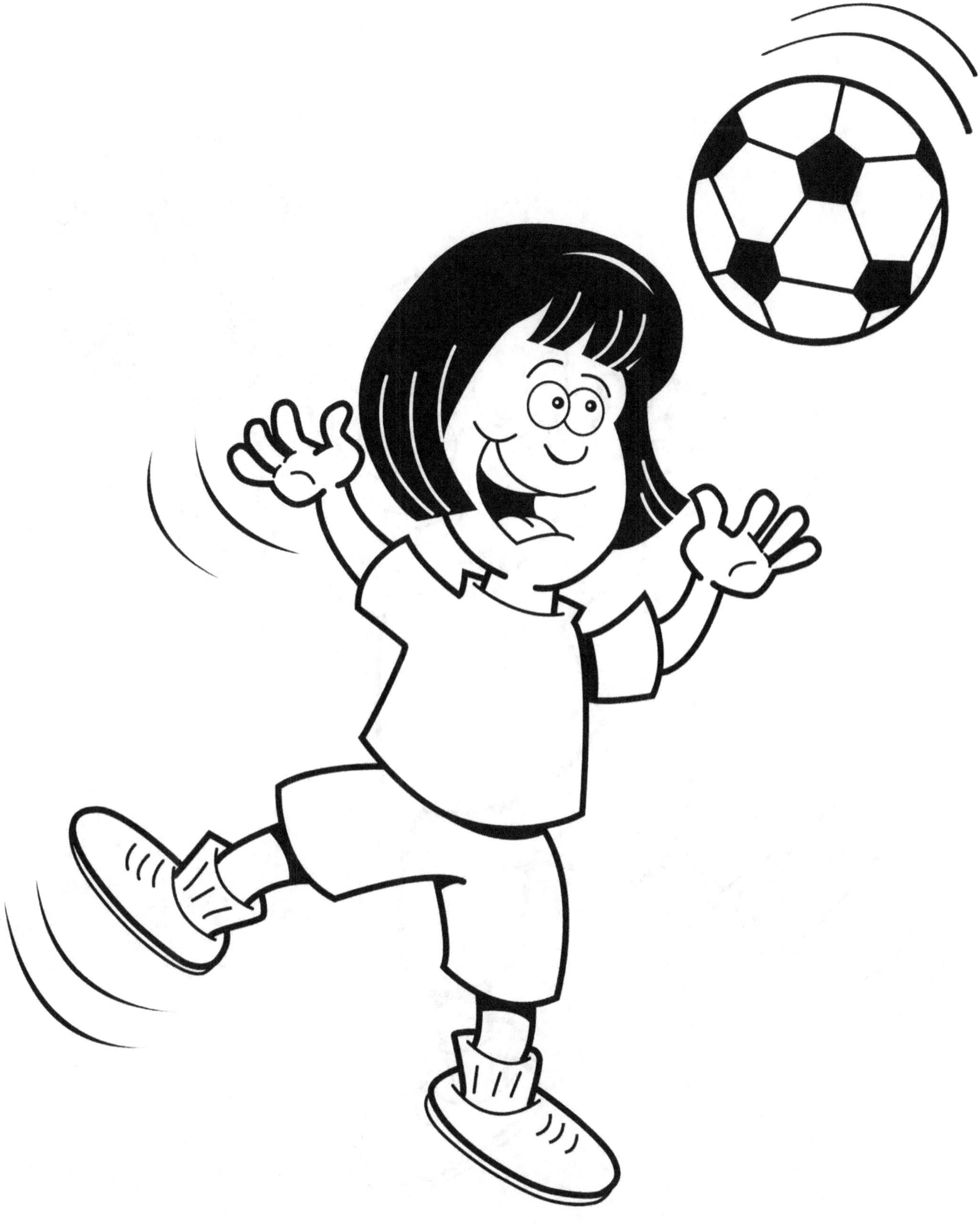

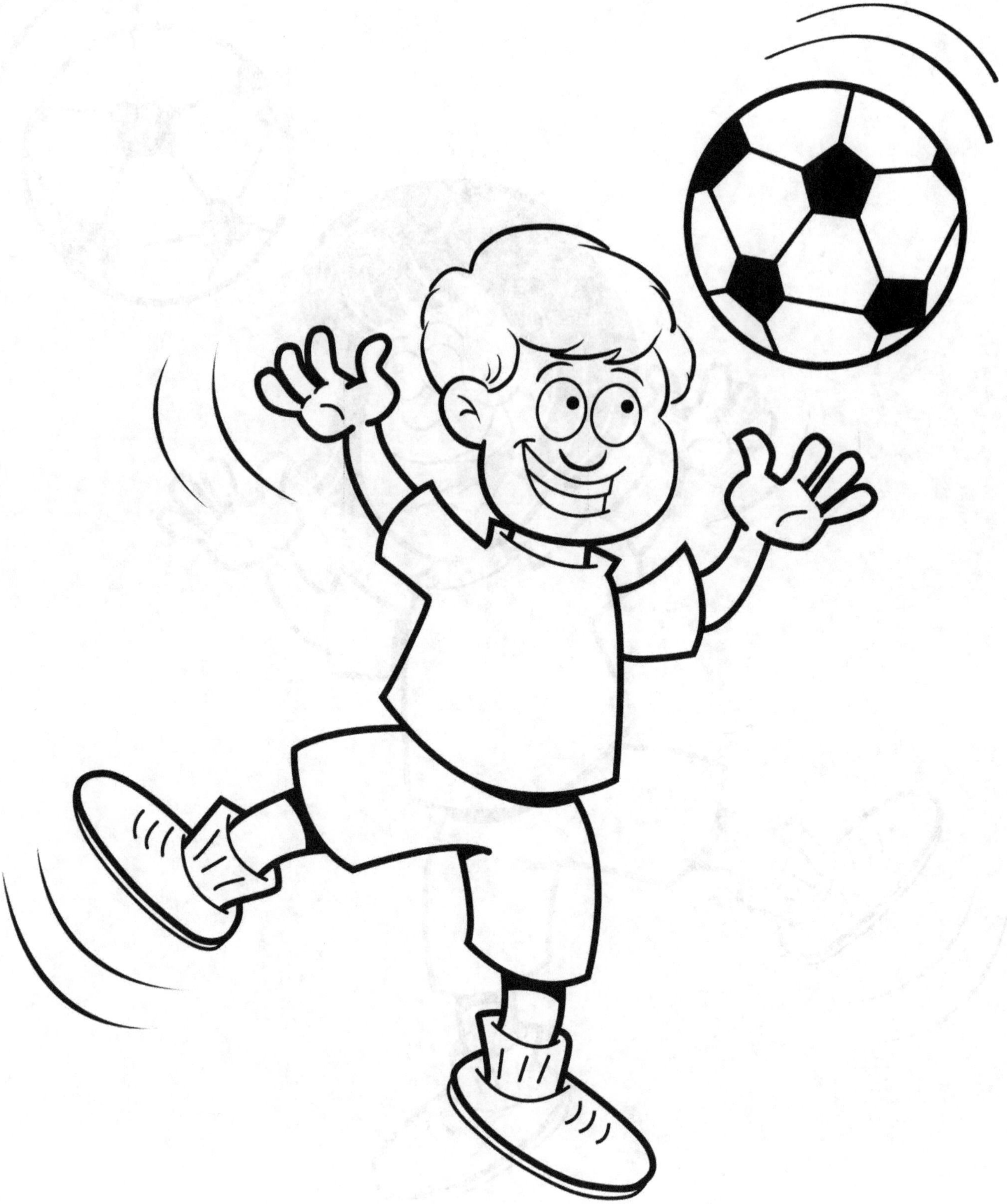

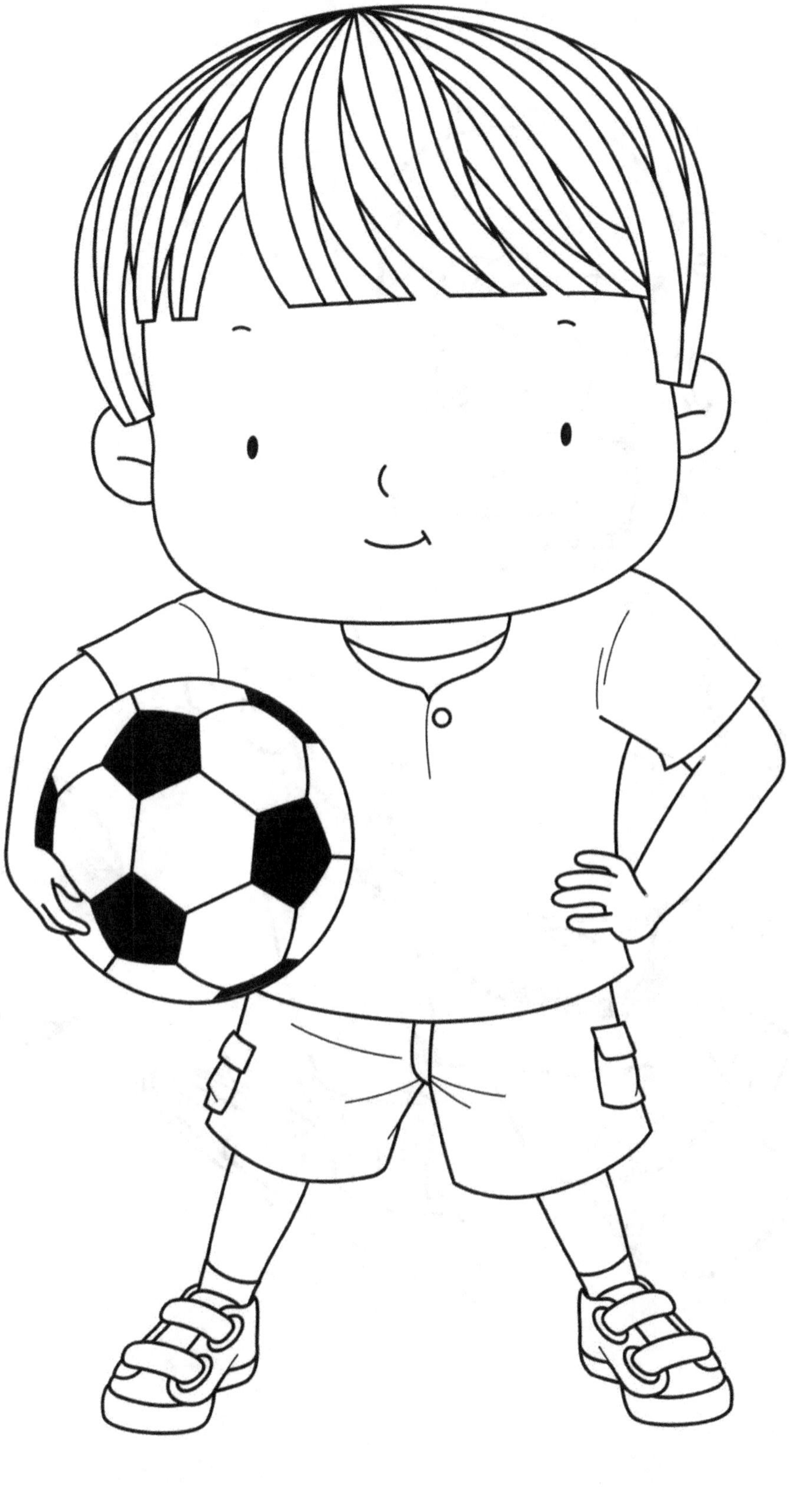

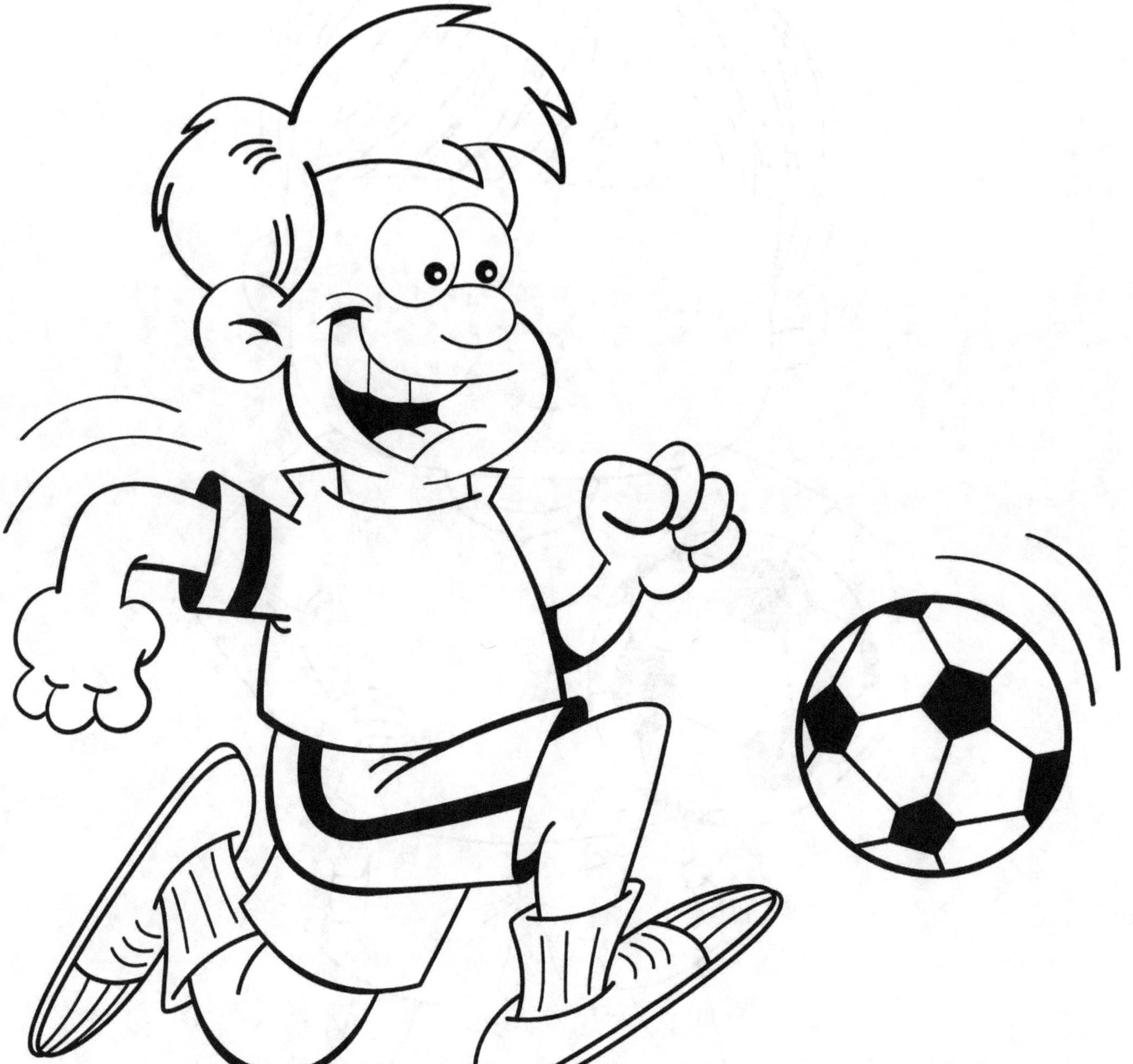

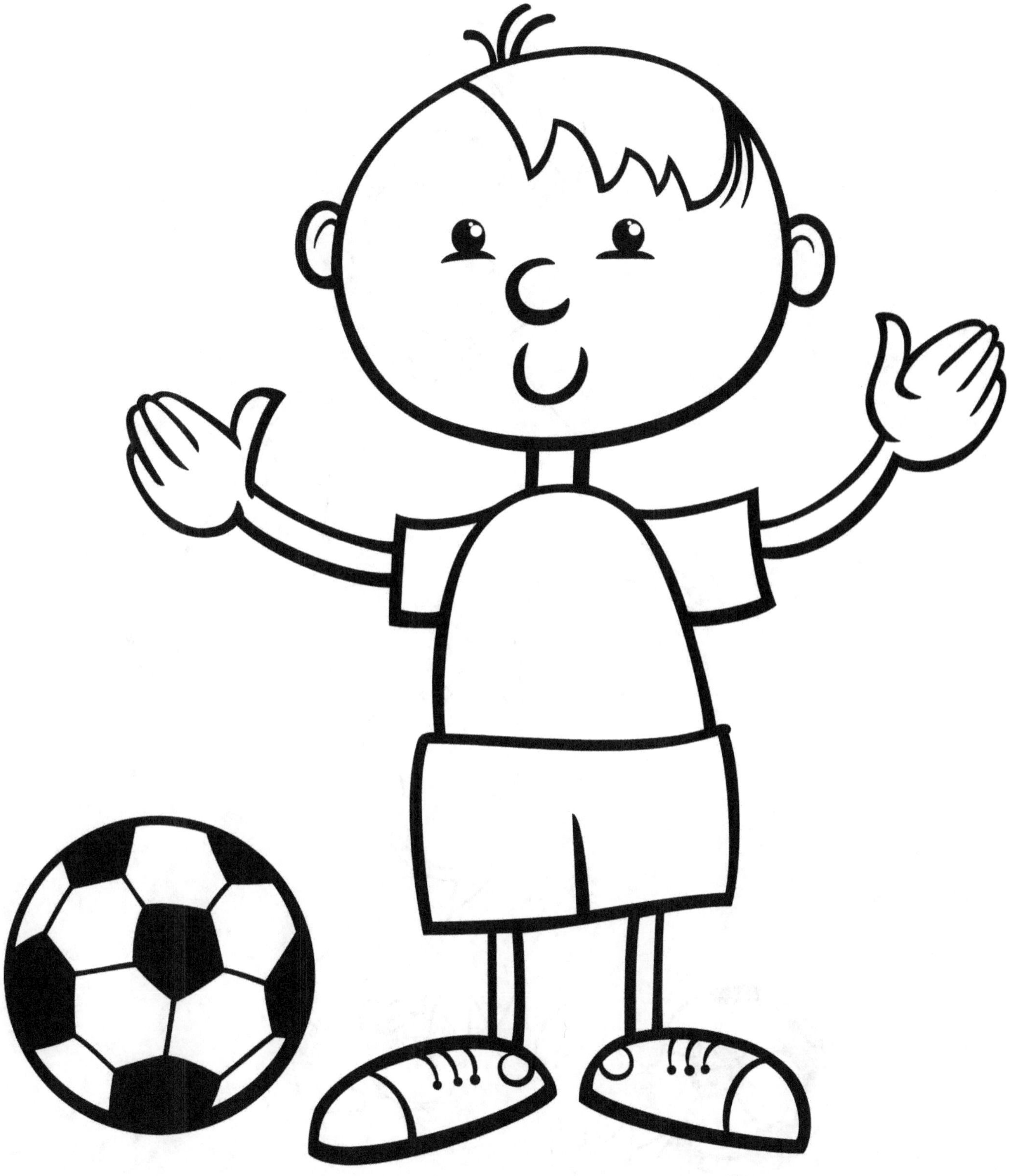

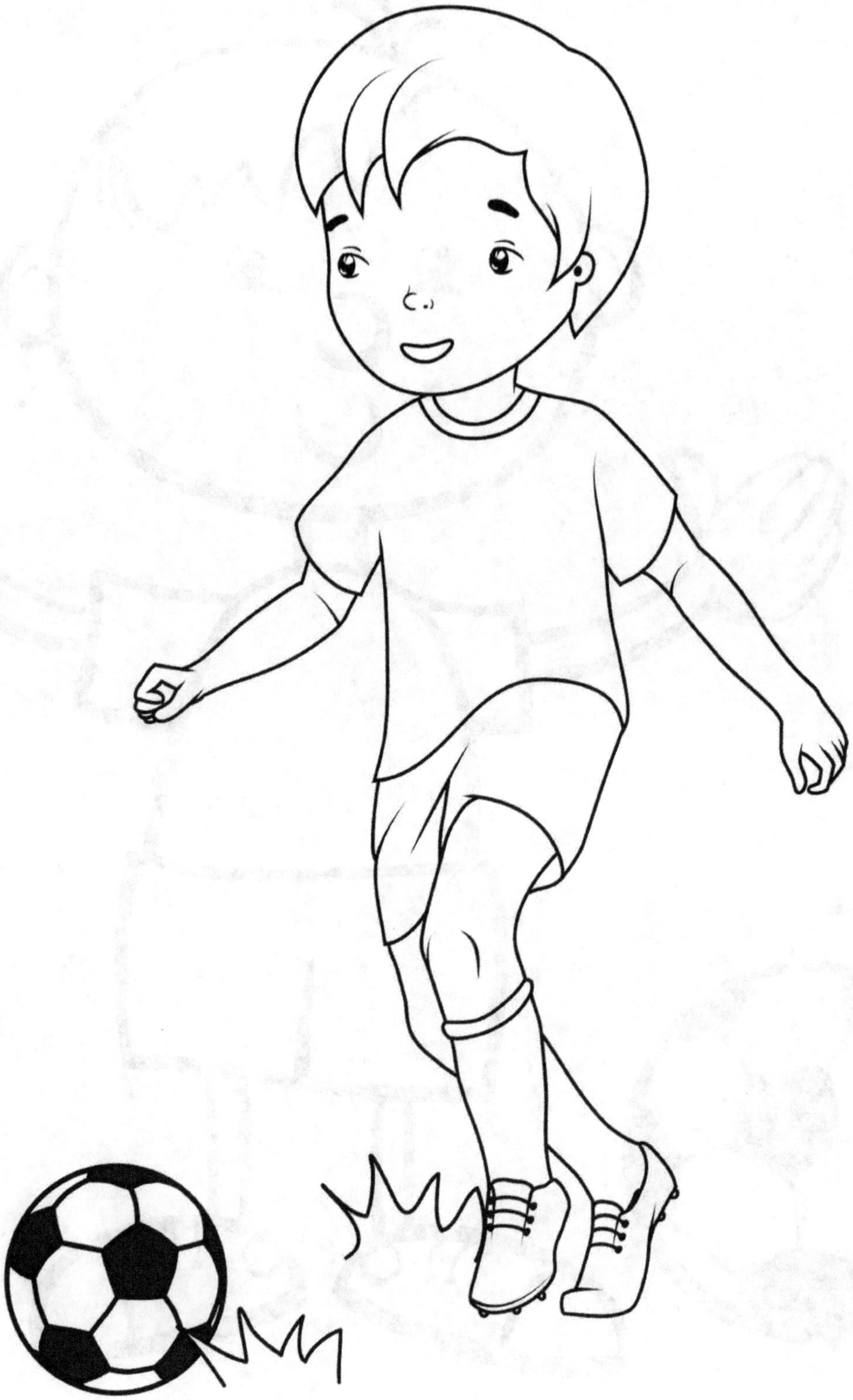

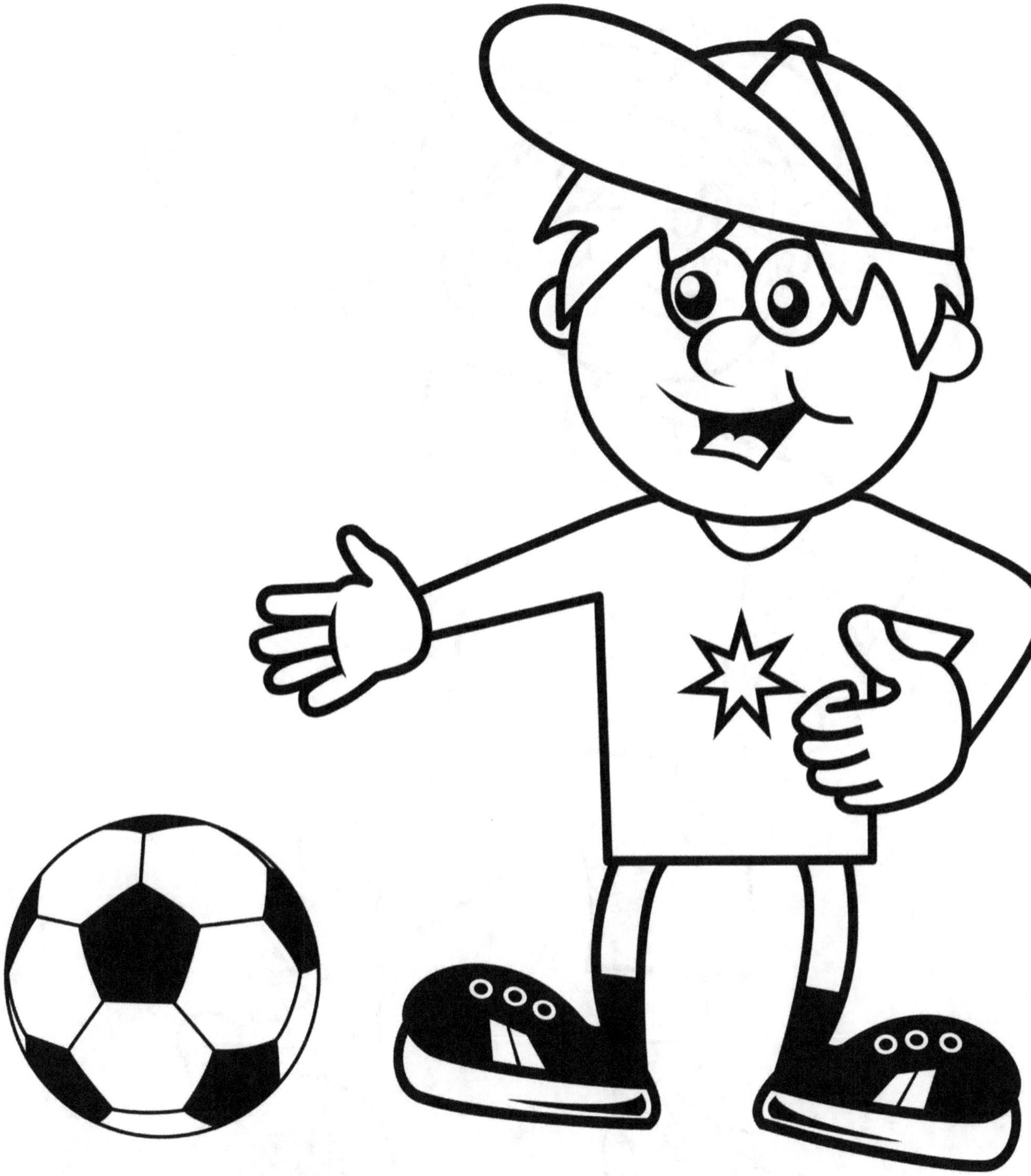

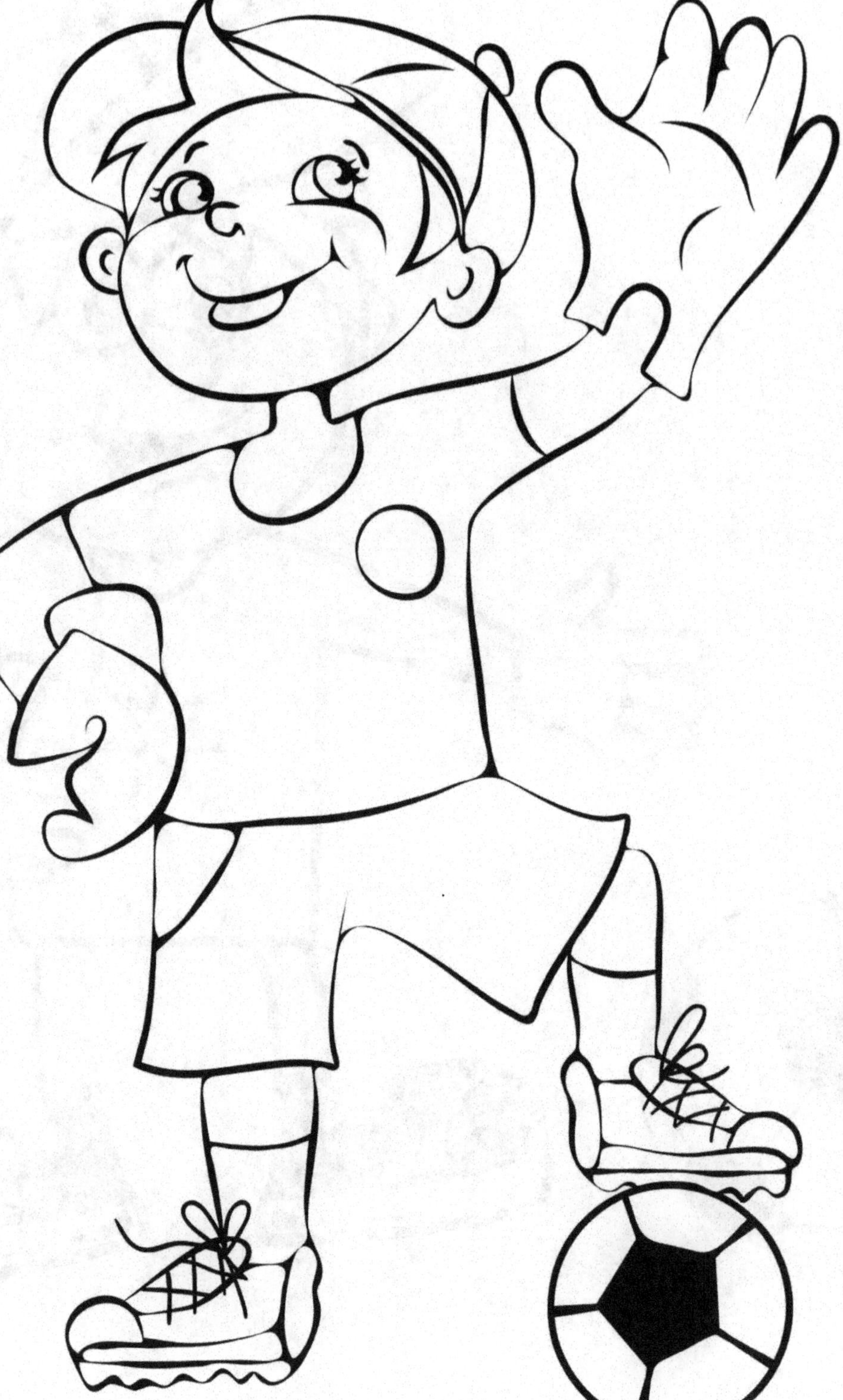

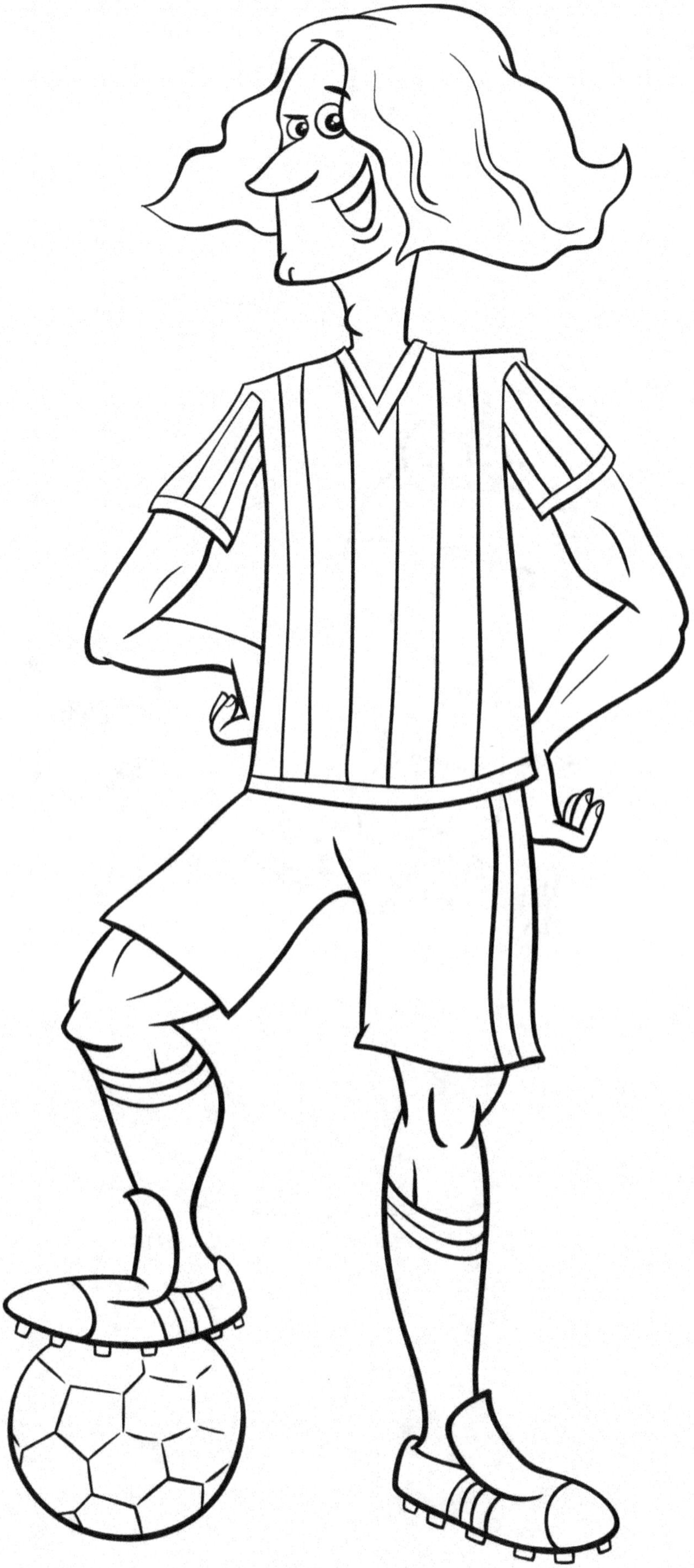

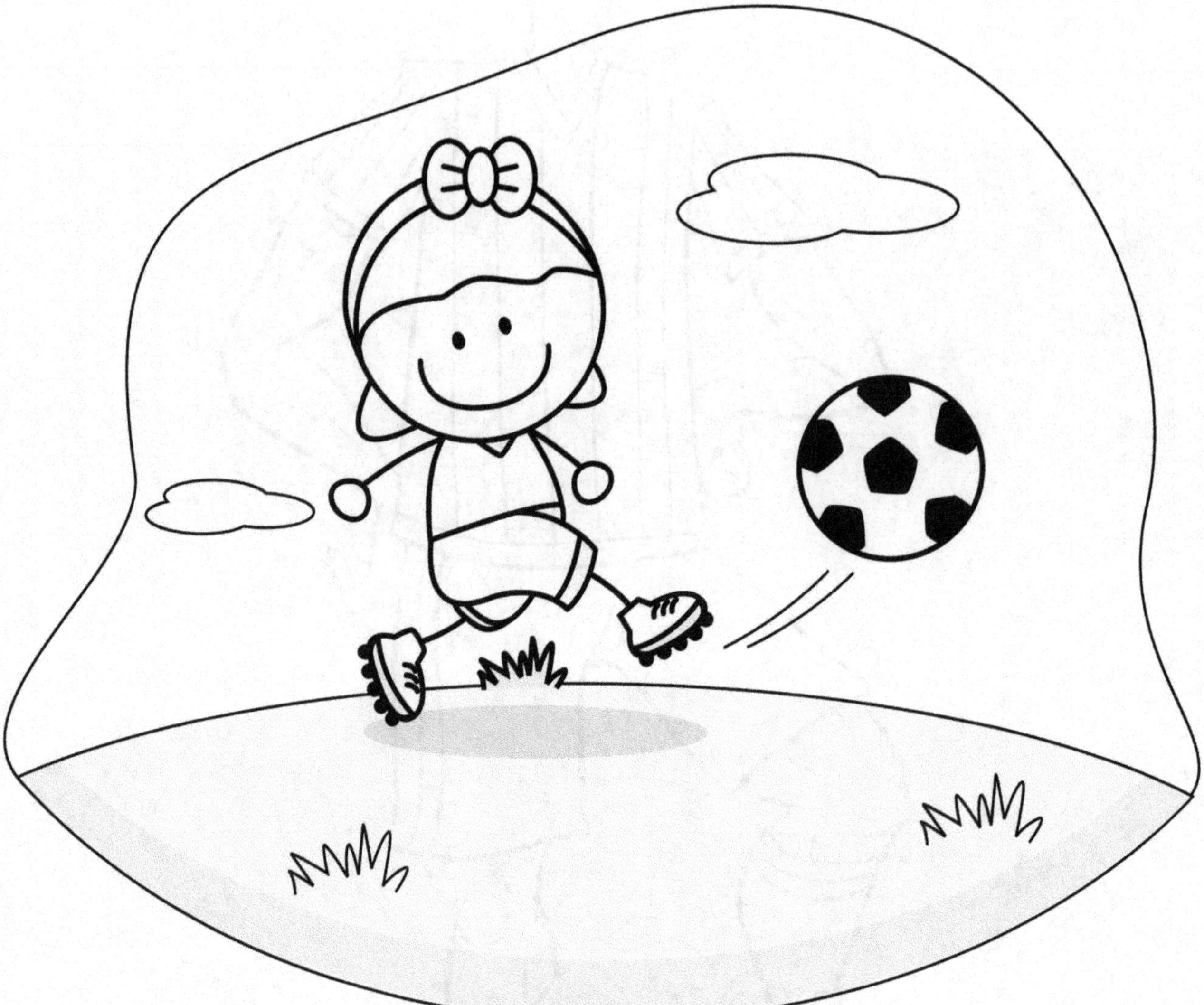

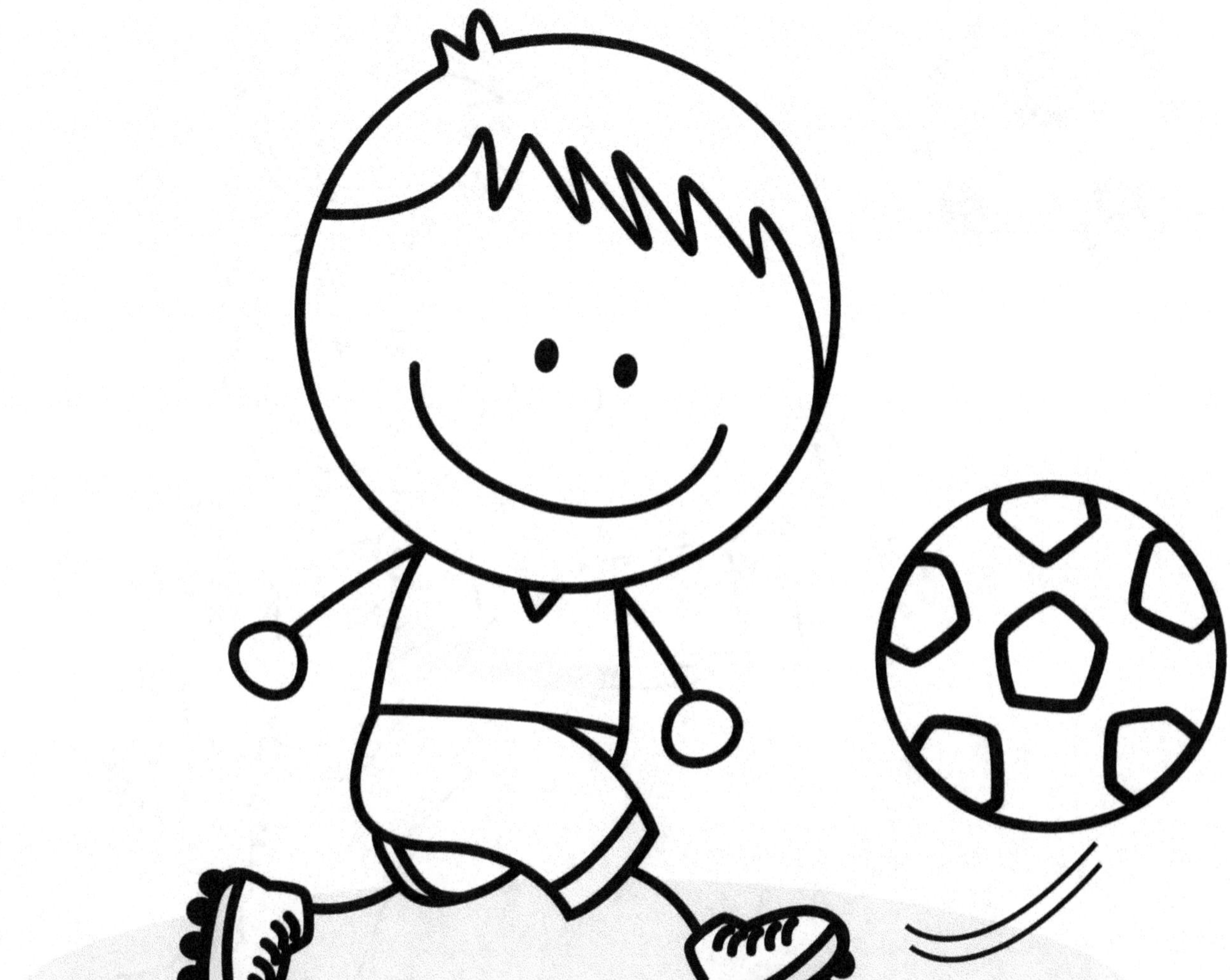

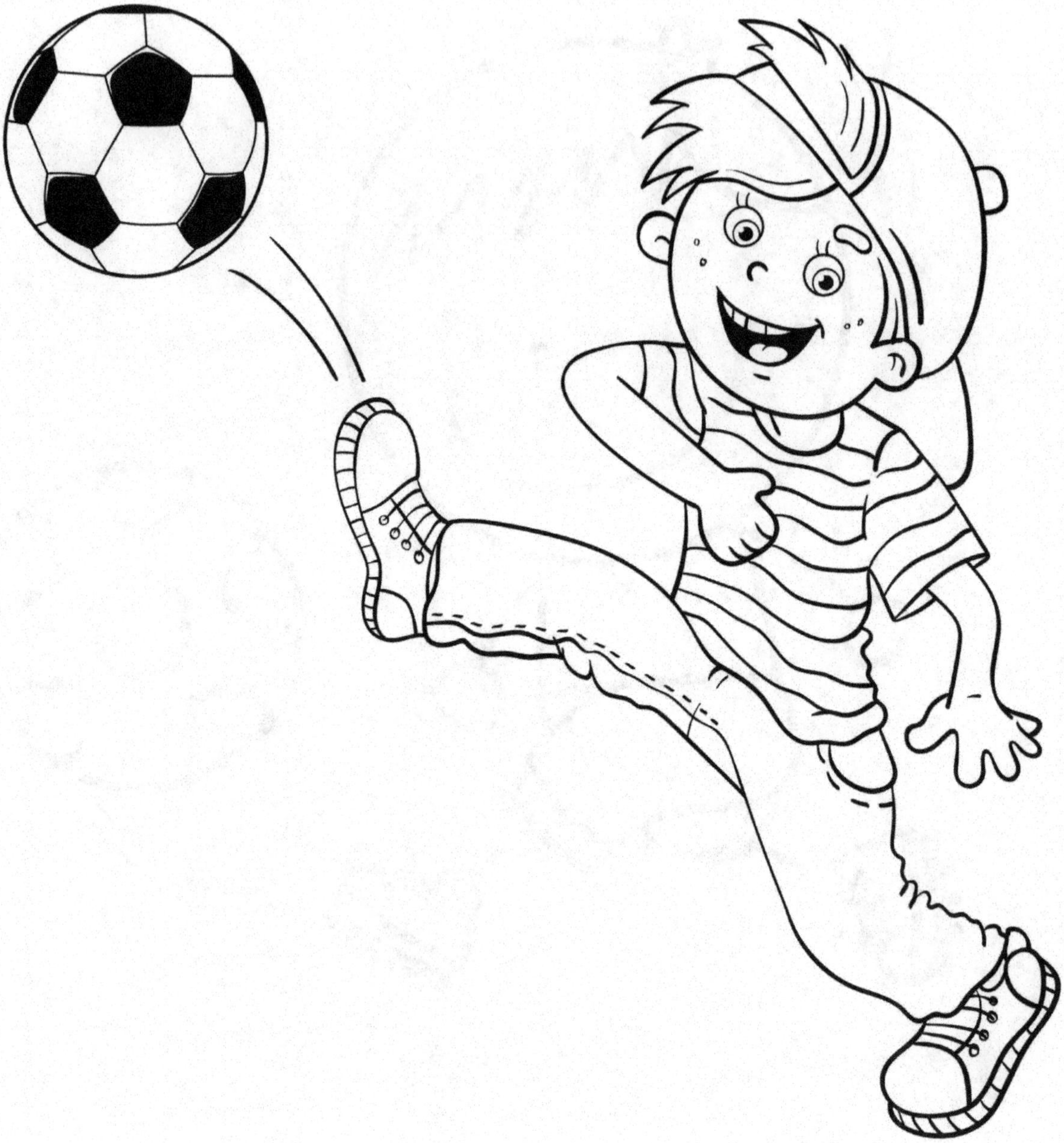

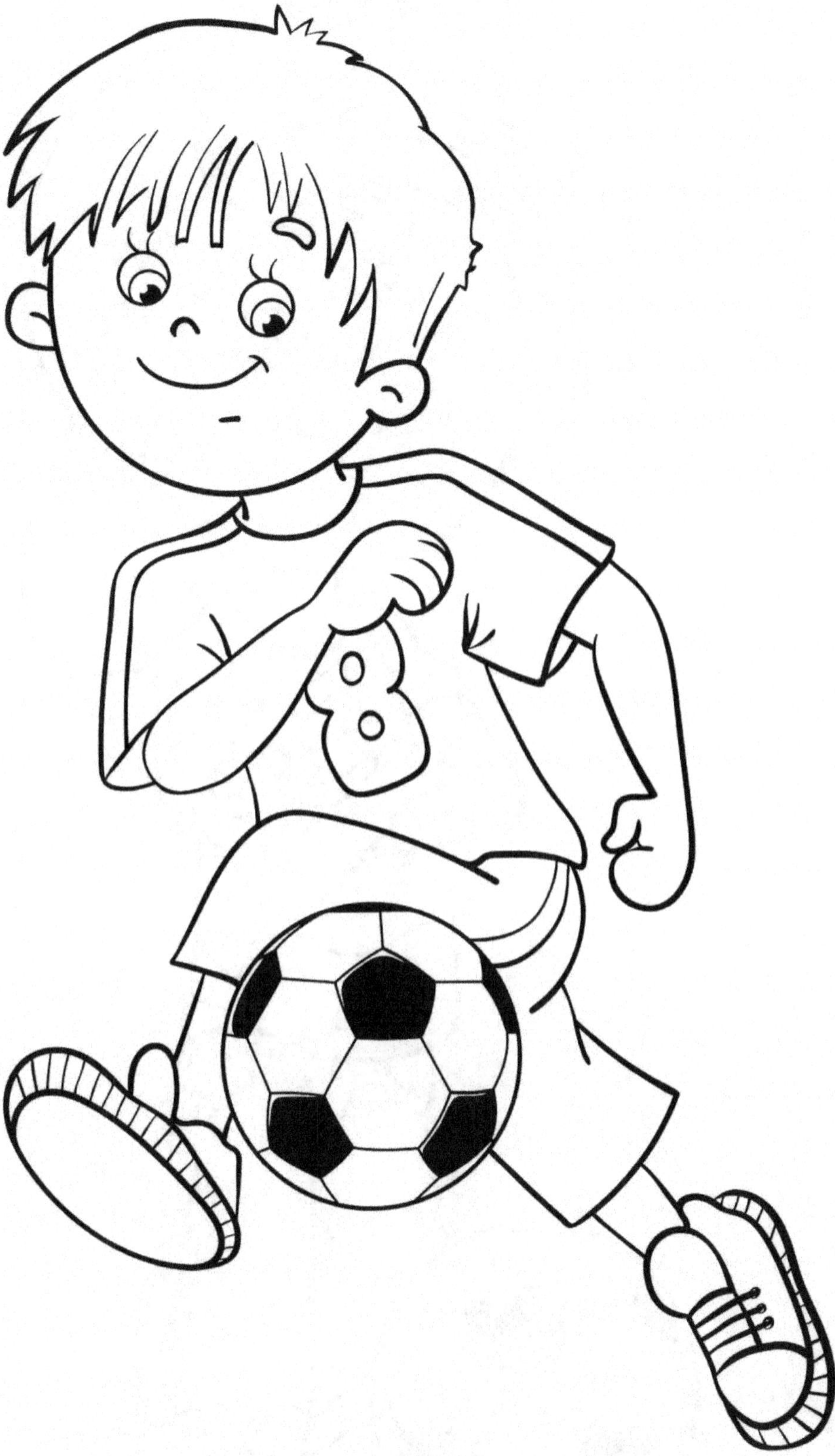
8

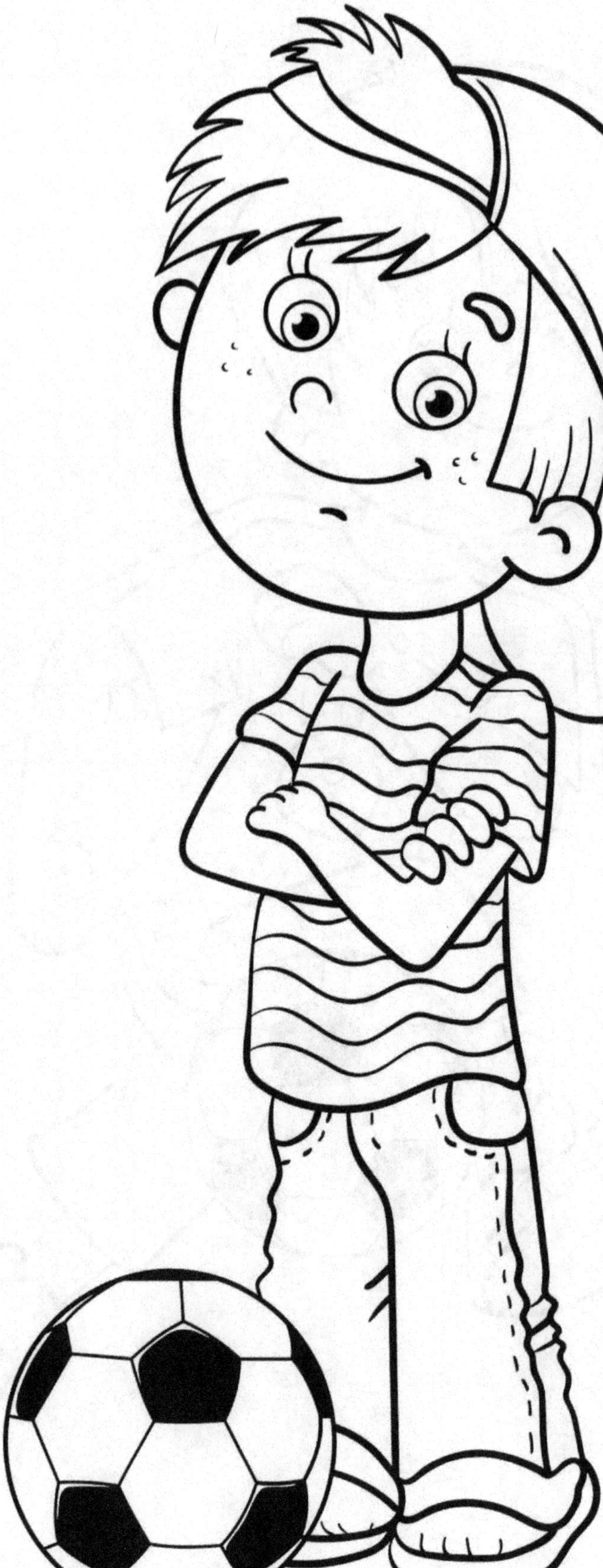

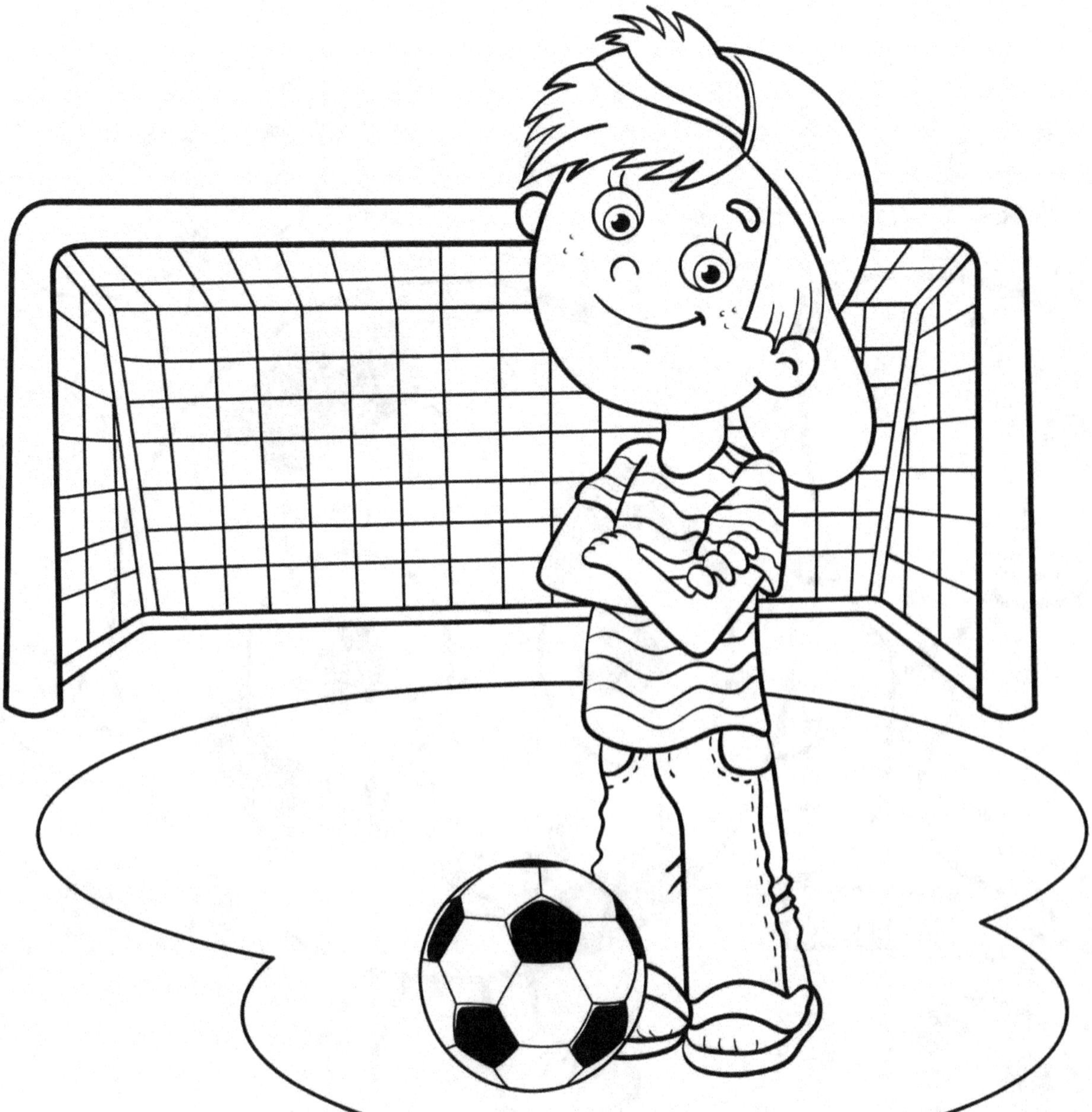

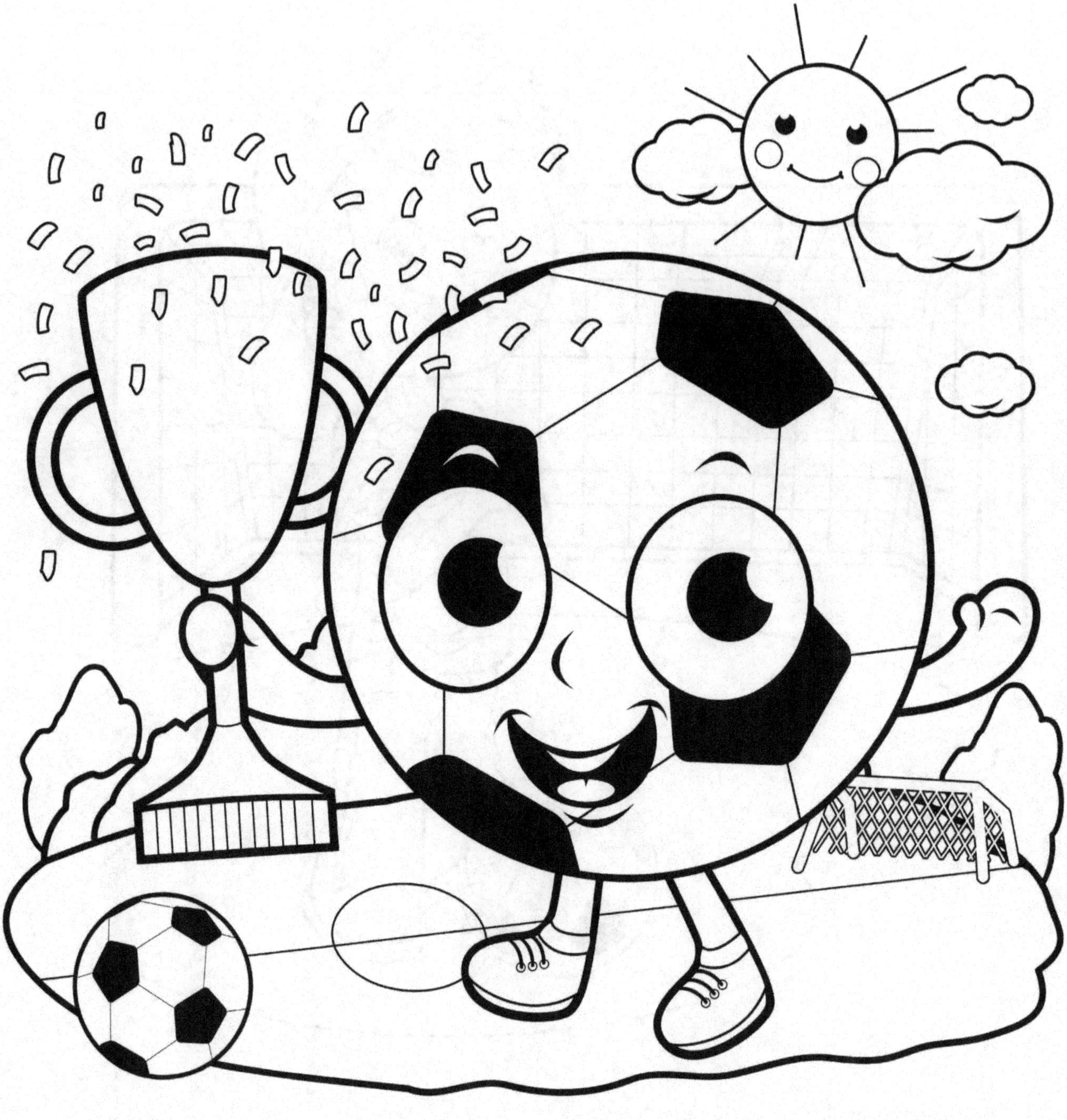

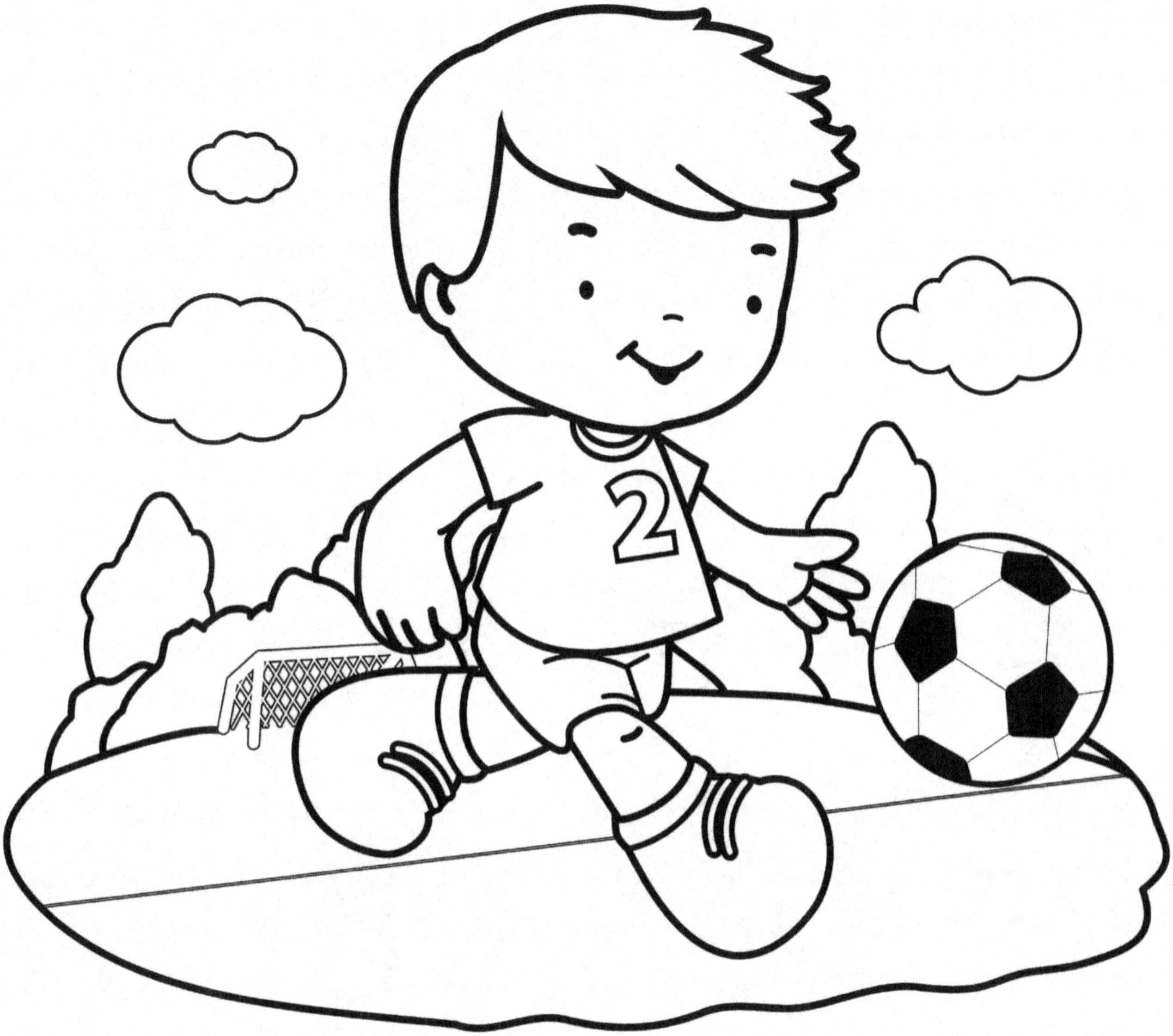
2

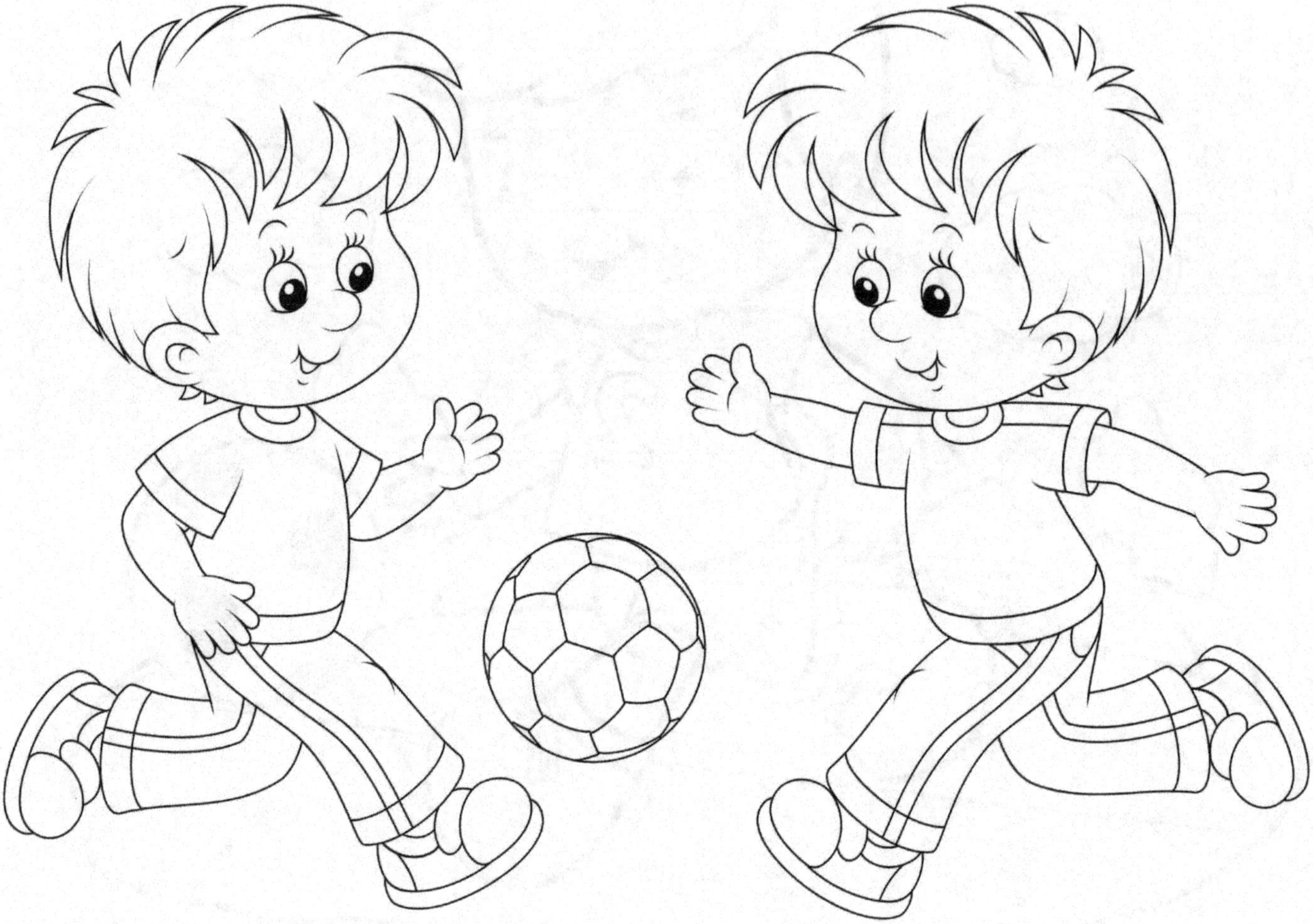

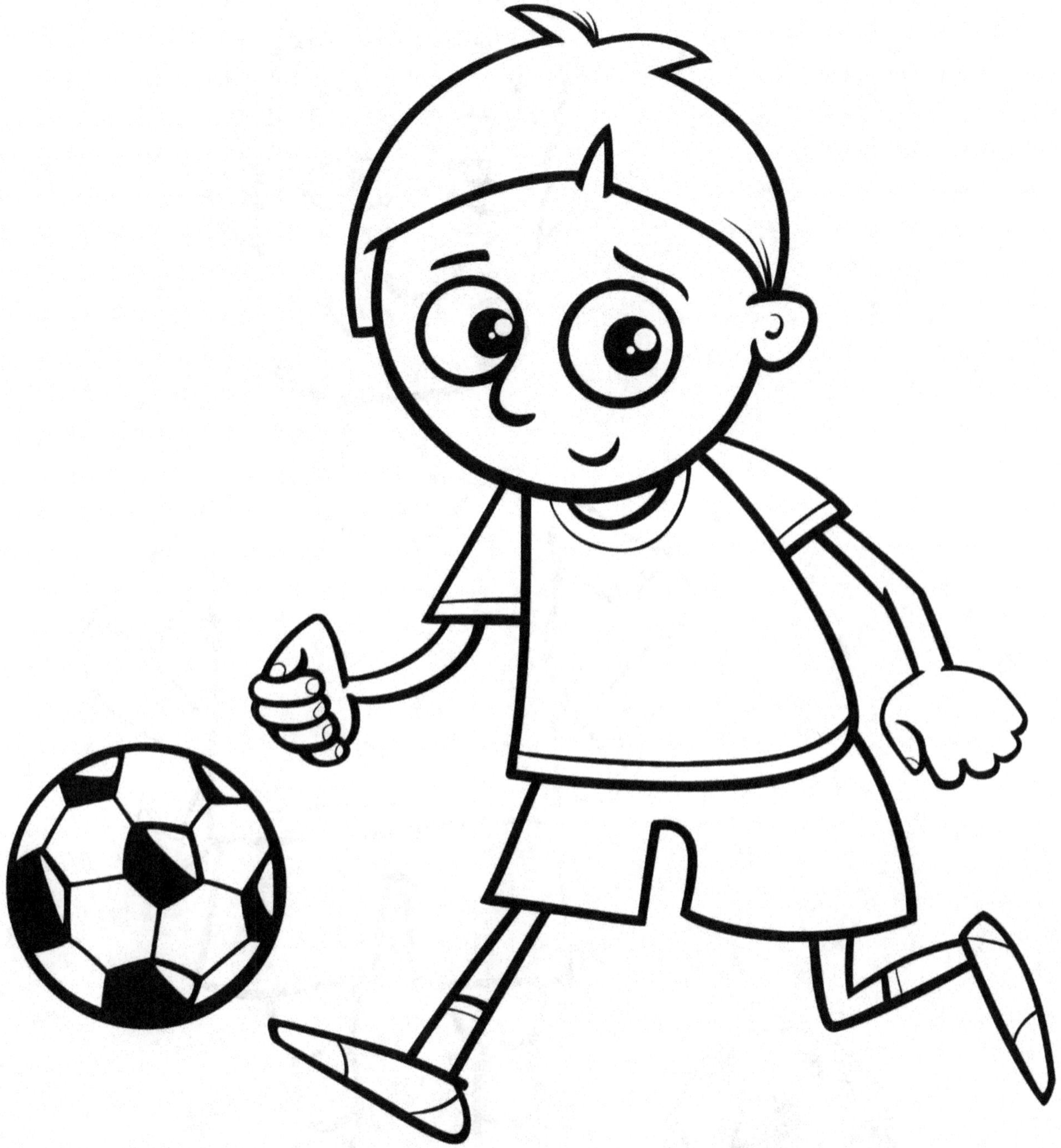

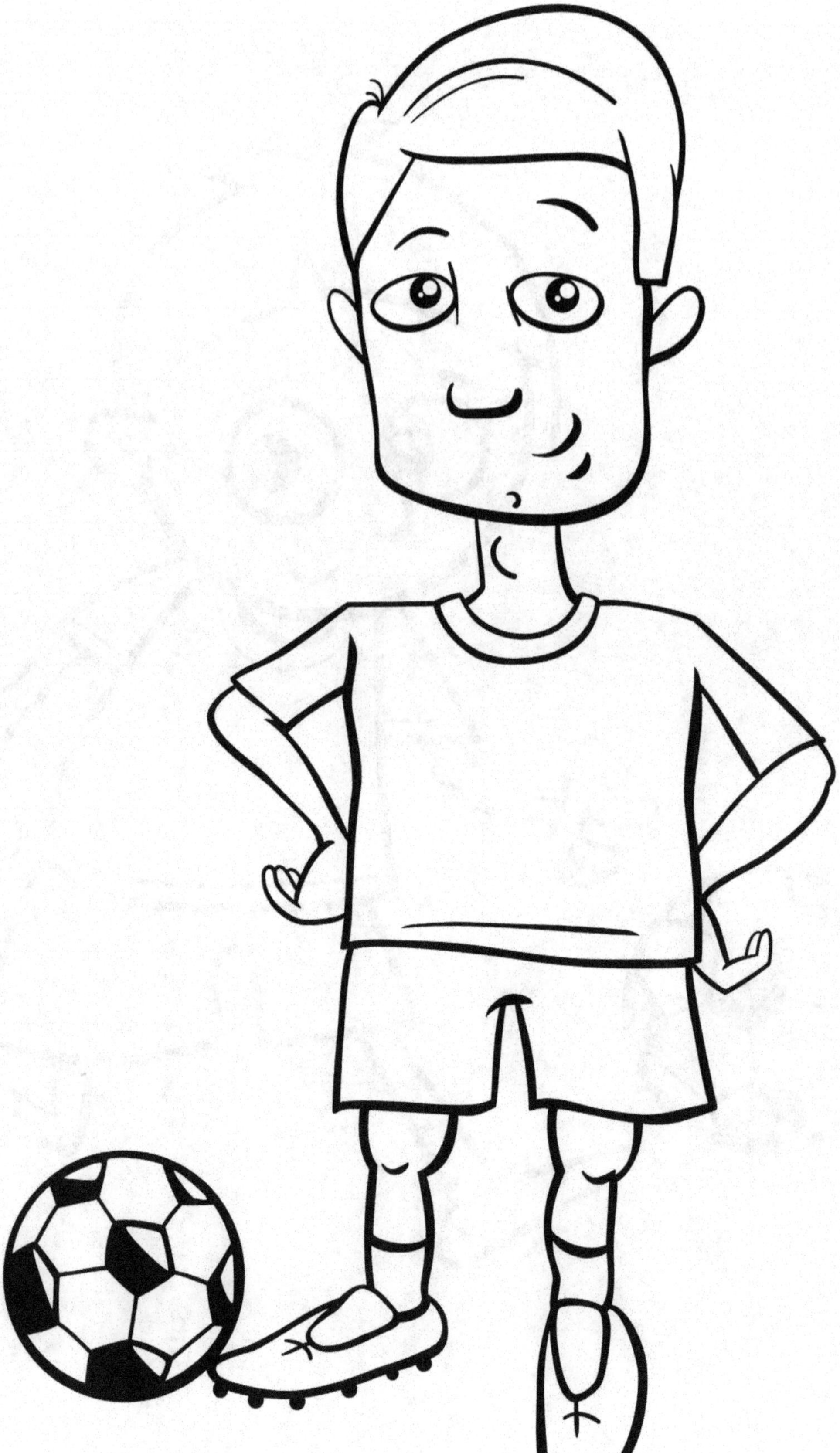

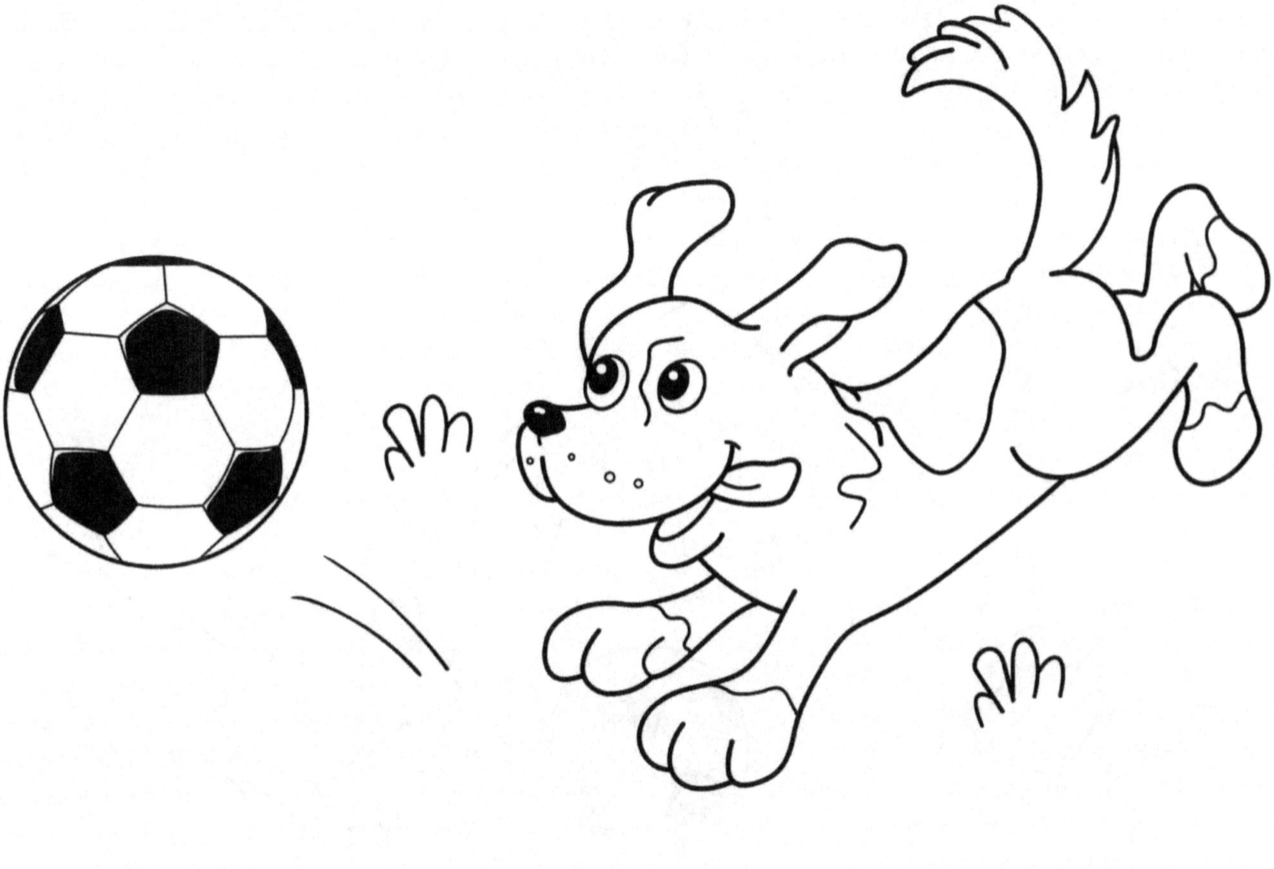

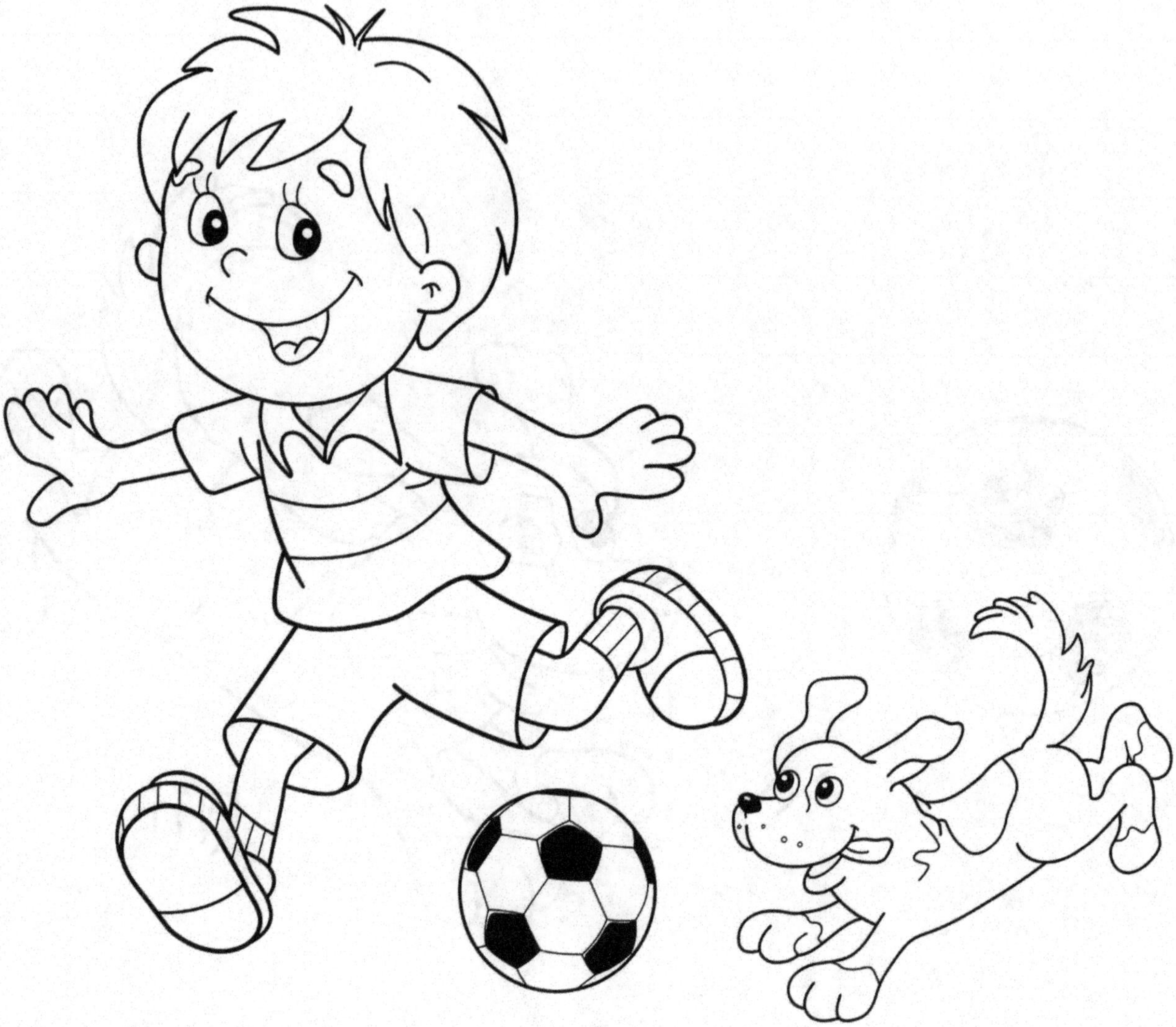

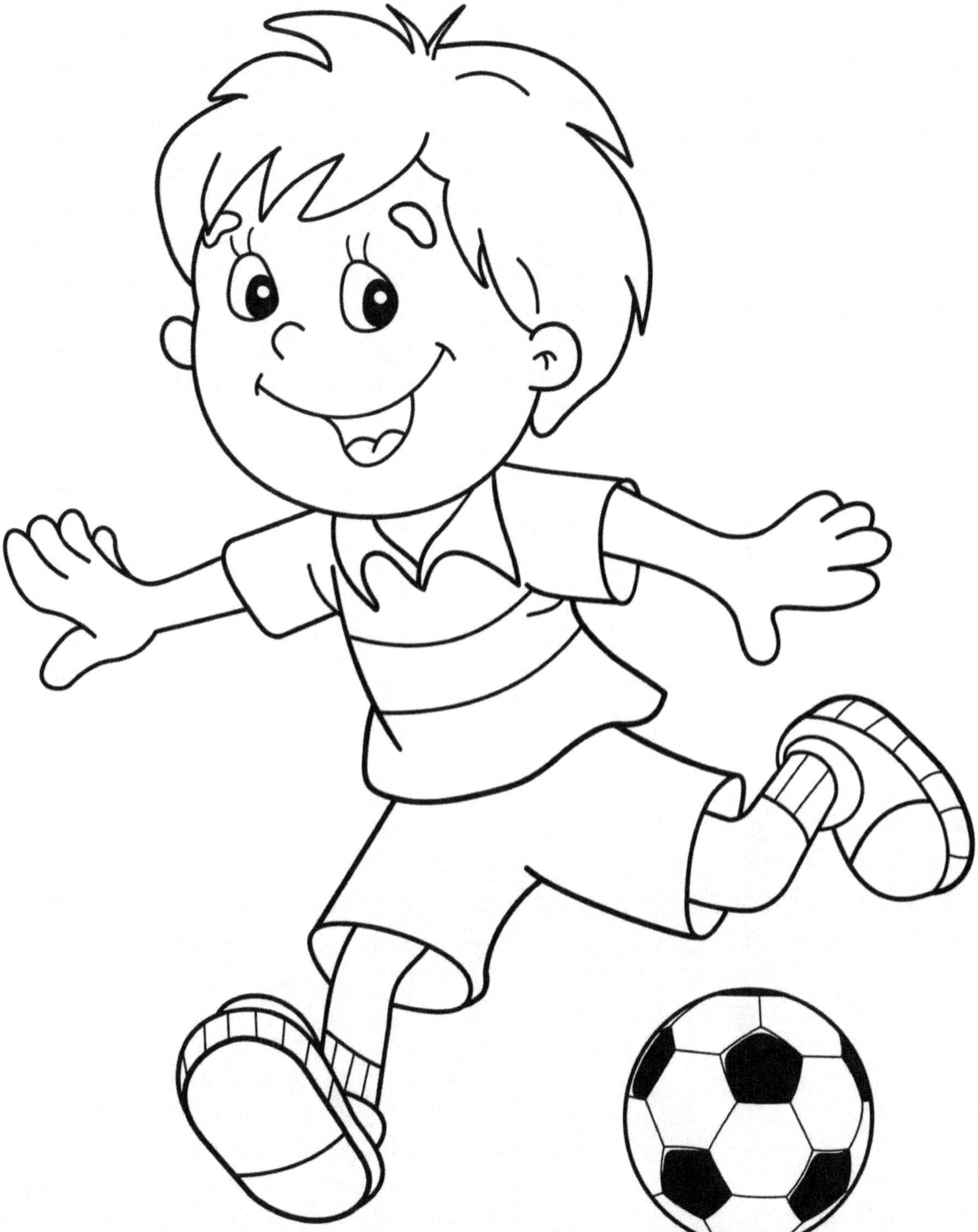

www.ingramcontent.com/pod-product-compliance
Lightning Source LLC
Chambersburg PA
CBHW080321030726
47593CB00009B/2837
9781635894233